La Côte du Nord

The North Coast

La côte du nord, déchiquetée et impressionnante, est une belle série de hautes falaises, souvent des faces nues, qui s'élèvent à pic à une hauteur de 100 m. de la mer. La perspective qu'on a de ces falaises, souvent dangereuses, est magnifique. Au nord on voit les récifs appelés les Paternosters et les Echrehos, et par temps clair on peut voir de quelques positions les quatre îles de la Manche aussi bien que la côte normande. Au Platons, à courte distance de la mer, est la pointe la plus haute des Iles de la Manche, 180 m. au-dessus du niveau de la mer. Une bonne route longe cette magnifique côte du nord, et çà et là des chemins étroits descendent en pentes boisées jusqu'à de belles plages sablonneuses, où ont été établies de petites communautés. Sur quelques falaises des champs cultivés s'étendent jusqu'au bord tandis que d'autres sont couronnées par la bruyère.

Il est fascinant d'explorer cette côte du nord. Le coin au nord-ouest possède un caractère raboteux et est riche en restes archéologiques. A voir ici sont les ruines de l'ancienne forteresse de Grosnez, qui fut probablement bâtie au XIVe siècle. Dans une caverne aux alentours des outils en pierre ont été découverts et ce sont les plus primitifs trouvés sur l'île. Le long de la côte se trouvent beaucoup de baies et d'anses sablonneuses et de petits ports, tous abrités par les magnifiques promontoires et tous méritant un vif intérêt. Même sur le petit littoral entre Grosnez et Rouge Nez il y a deux belles baies, celles de Grève-au-Lançon et Grève de Lecq, où aboutit la vallée du Rondin. Ces deux baies possèdent d'excellentes plages, probablement les meilleures de la côte du nord. A part la vallée qui aboutit à Grève de Lecq, la seule autre qui s'écoule vers le nord est Le Mourier Valley qui se termine par la Cascade du Mourier. C'est un des coins de Jersey les plus belles et les plus solitaires et il est difficile d'accès. Au dela du Sorel Point, le point le plus au nord de Jersey, où l'escarpement des falaises rend la vue des plus belles, se trouvent Bonne Nuit Bay (à gauche), Boulez Bay et Rozel Bay, qui sont tous les trois d'une très grande beauté. Plusieurs anses de la côte nord ont des cascades et il y a aussi un grand nombre de belles cavernes à visiter.

En plus de la beauté naturelle et de quelques visions du passé, la côte du nord a d'autres attraits. Dans les eaux profondes et rocheuses de cette côte on peut se livrer à la plongée autonome et la pêche au harpon, qui sont des sports en vogue à Jersey. Dans les restaurants dans toute l'île les spécialités sont de délicieux homards et des araignées de mer, qu'on attrape pour la plupart sur la côte du nord. Souvent on peut voir des pêcheurs réparer leurs filets aux petits quais.

The spectacular, rugged north coastline consists of a fine succession of tall cliffs, often of bare rock face, rising some 300 feet sheer from the sea. The views from these high and often dangerous cliffs are very fine indeed. The rocky reefs known as the Paternosters and Echrehos can be seen to the north, and on clear days from some points the other Channel Islands and Normandy can be sighted. At Les Platons, a small distance inland from the coast, is the highest point in the Channel Islands, 534 feet above sea level. A good road hugs the magnificent north coast and here and there narrow lanes descend wooded slopes to delightful sandy bays where small communities have been established. On some cliffs cultivated fields come right to the edge, while others are topped by open heathland.

This north coast is fascinating to explore. The north-west corner has a rugged character all of its own, and is very rich in archaeological remains. To be seen here are the ruins of the ancient cliff fortification of Grosnez, which was probably built in the fourteenth century. In a cave close by flint implements have been recovered which are the most primitive to have been found on the island. Along the coast, sheltered by the magnificent promontories, lie many sandy bays, small coves and little harbours, all packed with beauty and interest. Even on the tiny coast between Grosnez Point and Rouge Nez are two lovely bays, those of Grève au Lançon and Grève de Lecq, where the valley of Le Rondin ends. In these two bays are to be found excellent beaches, probably the best on the north coast. Besides the valley which ends at Grève de Lecq, the only other to drain northwards is the Mourier Valley which ends in the Mourier waterfall. This is one of the loveliest and loneliest corners of Jersey, and is very difficult to reach. Beyond Sorel Point, the most northerly point of Jersey where the steepness of the cliffs makes the views particularly fine, lie Bonne Nuit Bay (left), Bouley Bay and Rozel Bay with their great abundance of natural beauty to be enjoyed. Many of the north-coast coves have waterfalls, and there are also many fine caves to visit.

In addition to natural beauty and some fascinating glimpses of the past the north coast has more to offer. Skin diving and spear fishing are popular Jersey sports and can be particularly enjoyed in the rocky depths of the north-coast bays. In restaurants all over the island particular specialities are the delicious Jersey lobsters and spider-crabs, and these are mostly caught off the north coast. The fishermen can often be seen tending their nets and pots at the little harbour quays.

Au sommet des falaises déchiquetées du nord-ouest il y a des travaux de terrassement et les restes fragmentaires du Château de Grosnez (*à gauche, dessus*), à 65 m. au-dessus du niveau de la mer. On ne sait pas exactement la date de la construction du château, mais l'architecture est du XIVᵉ siècle. Les habitants des paroisses de l'ouest se servaient probablement du château comme abri pendant les razzias. De Grosnez Point on jouit d'une belle vue et tout le long de cette côte impressionnante les promontoires et les baies rocheux fournissent des points de vue splendides (*à gauche, dessous*). A courte distance à l'est du Point Grosnez se trouve la Cotte à la Chèvre, une caverne préhistorique où on a découvert des os et des outils en pierre.

Au-dessus de la Grève-au-Lançon, une grande baie avec une plage charmante, de belles cavernes, une cascade et des formations rocheuses, le chemin continue à Plemont Point. Plemont (*à droite, dessus*) a une plage magnifique et ici on trouve Plemont Bay Holiday Village. On peut faire de belles promenades sur les falaises, par exemple à la Grève de Lecq (*à droite, au centre*), une baie ravissante au sable d'or. Grève de Lecq a été souvent considérée comme très vulnérable; à l'époque napoléonienne elle fut fortifiée d'un tour martello et pendant l'occupation allemande de blockhaus. A côté de la route longeant le ruisseau qui descend la vallée s'élève le Moulin de Lecq (*à droite, dessous*) qui a été transformé en auberge. L'énorme roue à aubes tourne toujours.

On the highest point of the rugged north-western cliffs there are earthworks and the fragmentary remains of Grosnez Castle (*upper left picture*), 200 feet above sea level. There is no record of the date when the castle was built but the architecture is of the fourteenth century. It was probably used by the people of the western parishes as a refuge at the time of raids. There are fine views from Grosnez Point, and all along this spectacular coast are beautiful sights of rocky promontories and bays (*lower left*). A short walk east from Grosnez Point lies La Cotte à la Chèvre, which was a prehistoric cave-dwelling in the rocks, and bones and flint implements have been recovered here.

Above Grève au Lançon, a large bay with a lovely beach and fine caves, a waterfall and rock formations, the path continues towards Plemont Point. There are lovely sands at Plemont (*top right*), and there is also the prominently situated Plemont Bay Holiday Village. The cliffs offer fine walks, and one of these goes eastwards to Grève de Lecq (*centre right*), a delightful bay with soft golden sands. Grève de Lecq has often been considered vulnerable to invasion, and in Napoleonic times was fortified with a martello tower and during the German occupation with bunkers. A road follows the stream that tumbles down the valley, and along this on the right stands the Moulin de Lecq (*bottom right*), the famous mill now converted to a tavern. The huge water wheel still turns outside.

La paroisse de Ste Marie s'étend sur environ deux kilomètres le long de la côte du nord de Grève de Lecq à la Vallée Mourier. Ce littoral abrupt fournit quelques-unes des meilleures vues de Jersey. A la Vallée Mourier commence le littoral solitaire mais impressionnant de la paroisse de St Jean qui comprend Mourier Bay, St John's Bay et Bonne Nuit Bay (*à gauche, dessus*); cette dernière est entourée de collines hautes de plus de 120 m. et est un coin pittoresque, très apprécié. Elle a un petit port abrité par de hautes falaises, et une bonne plage. Le nom provient probablement de la petite chapelle de Ste Marie de Bona Nocte qui disparut il y a longtemps sous la mer. Bonne Nuit Bay est un endroit de débarquement favorable et au cours du XIXᵉ siècle était souvent fréquentée par des contrebandiers. Au milieu de la baie se dresse un rocher, dont les gens faisaient autrefois le tour en canot à la Saint-Jean, pour prévenir la mauvaise fortune pendant l'année à venir. Cette coutume, probablement de l'ère pré-chrétienne, devint une fête annuelle mais elle fut bientôt supprimée par les Etats pour être contraire aux bonnes mœurs. Quelques habitants cependant toujours superstitieux, font cette excursion une fois l'an. Plus loin à l'est, dans la paroisse de Trinity c'est la grande Bouley Bay, large de trois kilomètres (*à gauche, au milieu et dessous*). C'est un endroit très spectaculaire, où l'eau est profonde et entourée de hautes falaises. A certains égards cette baie pourrait

St Mary's Parish extends eastwards for a mile and a half along the north coast from Grève de Lecq to the Mourier Valley. This precipitous coastline provides some of the finest cliff scenery in Jersey. At the Mourier Valley the lonely but spectacular coastline of the parish of St John begins, which includes Mourier Bay, St John's Bay and Bonne Nuit Bay (*top left*), which is surrounded by hills over 400 feet high and is a favourite beauty spot. It has a little harbour sheltered under the high cliffs and a good beach. Its name is probably derived from the chapel of Ste Marie de Bona Nocte which disappeared into the sea long ago. Bonne Nuit Bay is a good place at which to land and during the nineteenth century was popular with smugglers. In the middle of the bay is a rock, around which crowds used to row on Midsummer Day, to avert bad luck for the coming year. Probably a pre-Christian custom, in the late eighteenth century it was extended into a yearly fair, but this was soon suppressed by the States as 'contrary to good morals'. Some residents still believe the old superstition and make the annual trip.

Further east along the coast, in the parish of Trinity, is the large, two-mile-wide Bouley Bay (*centre and bottom left*). It is quite a spectacular spot, with deep water surrounded by steep cliffs. In some ways this bay would be ideal for a large harbour, for there is good anchorage and deep water close to the shore. Such a good landing place had

servir de grand port, car il y a un beau mouïl-
lage dans l'eau profonde près de la terre. Un si bon
lieu de débarquement devait être protégé contre
les envahisseurs, et l'Etaquerel Fort fut construit
dans ce but à l'est de la baie. Plus loin se trouve
Rozel Bay, avec un petit port (*ci-dessus*). Sur la
promontoire est, connue sur le nom du Couperin,
est une fosse à galerie, où vers 2000 av. J.-C. un chef
fut enseveli. Au côté ouest de la baie se trouvent les
restes du Castel Rozel, où l'on a découvert pièces
romaines et galloises. Vers l'intérieur se trouve
Rozel Manoir dans un parc privé.

to be protected against invaders and L'Etaquerel
Fort was built for this purpose on the east of the
bay. Around the coast is Rozel Bay, a quiet little bay
with a sandy beach. The harbour (*above*) faces
north-east towards France. The bay is sheltered by
well-wooded cliffs, on which there is much of
interest. On the eastern promontory known as Le
Couperon there is a fine gallery grave, where in
c. 2000 B.C. a chief was laid to rest. At the western
side of the bay are the remains of the Castel Rozel
where Roman and Gaulish coins have been found.
Inland lies Rozel Manor, in wooded private grounds.

La Côte de l'Est

The East Coast

Les baies charmantes de la côte de l'est de Jersey sont plus abritées que celles de la côte du nord, et des arbres poussent près du sommet des falaises. La côte est exploitée et cultivée et la scène change avec les saisons de l'année agricole. Au nord-est cette côte présente un aspect de beauté champêtre et tranquille, où des côtils bien exploités descendent à l'eau. Le labourage et le repiquage perpendiculaires sont une spécialité locale, ce qui est bien nécessaire, car le terrain dans le nord est très élevé. Il y a une très belle route littorale, mais il y a aussi des chemins verts délicieux qui parcourent les collines et donnent à chaque tour des vues inattendues de mer et de ciel. Il y a aussi de charmantes promenades sur les falaises. A Verclut, entre Fliquet Bay et St Catherine's Bay, se trouve le brise-lames mystérieux et solitaire qui se pousse dans la mer à une distance d'une demi-mille. C'était une tentative infructueuse pour fournir un ancrage énorme aux navires, mais c'est aujourd'hui un quai commode pour la pêche hauturière.

A peu près à mi-chemin sur la côte de l'est, le paysage est coupé par le Château de Mont Orgueil qui donne sur le petit port pittoresque de Gorey (*à gauche*). Ce monument bien aimé, bâti sur une masse granitique, a défié la France pendant la longue histoire de Jersey. Le village de Gorey se trouve à l'extrémité nord de Grouville Bay et ses maisons de couleurs gaies bordent l'ancien quai. A Gorey apparaît la plaine côtière et la scène est des plus belles. La plage sûre de Grouville Bay s'étend sur une grande distance et fournit de longues promenades. Cette baie est peu profonde et par conséquent l'eau est bien chaude. Il y a plusieurs tours martello et des rochers fortifiés sur la côte de l'est, ce qui rappelle que l'histoire de cette partie de l'île n'a pas toujours été tranquille. A part Grouville Bay, cette côte est très dangereuse pour la navigation et les fortifications qui protégeaient autrefois les passes servent aujourd'hui à guider les bâteaux entre les rochers.

Les fortifications ne sont pas les seuls souvenirs de la longue histoire de Jersey. La Hougue Bie, située dans un taillis près de Gorey, est la plus belle tombe préhistorique de l'Europe occidentale. Sous le tertre, qui a 55 m. de haut, se cache une tombe néolithique parfaitement préservée, formée de grands pieds-droits en pierre couverts de capstones massifs. Le mystère du terrassement ne fut résolu qu'en 1934, lorsque la Société Jersiaise creusa le tertre et ouvrit le dolmen au public. A Anne Port il y en a un autre, le Dolmen de Faldouet, qui fut creusé en 1839. A cause de ces monuments et plusieurs autres la côte de l'est a acquis le sobriquet de « la côte historique ».

The delightful bays of Jersey's east coast are more sheltered than those on the north coast and trees grow close to the cliff top. The east coast is domestic and cultivated and the view changes according to the agricultural year. The north-east coast is a scene of tranquil rural beauty, where well-farmed côtils slope to the water's edge. Perpendicular ploughing and planting are a local fine art, and necessarily so as the land in the north-east is high. There is a very pleasant coast road, but there are also delightful, verdant lanes which wander through the hills and give sudden views of sky and sea at every turn. There are also delightful cliff walks. At Verclut, between Fliquet Bay and St Catherine's Bay, there is the mysteriously isolated breakwater, which thrusts half a mile out to sea. It was an unsuccessful attempt to provide a huge deep-water anchorage for warships, but it is now a convenient quay for deep-sea anglers.

About half-way along the east coast the rural scene is interrupted by Mont Orgueil Castle, overlooking picturesque Gorey Harbour (*left*) and dominating the bays looking south. This cherished monument, built on a granite mass, has stood in defiance of the French mainland during Jersey's long history. The village of Gorey, which is the main centre of the Jersey potteries, is grouped at the north end of Grouville Bay, and its gaily coloured old houses line the ancient quay. At Gorey the coastal plain appears and there is much pretty scenery. The sands of Grouville Bay stretch for miles, providing long walks and safe bathing. This bay is very shallow and consequently is one of the warmest for bathing. There are many martello towers and fortified pinnacles of rock off the east coast, and they help to remind us that it has not always been tranquil here. Apart from Grouville Bay this coast is very dangerous for shipping and the fortifications, which formerly protected the approach channels, now serve to guide mariners through the rocks.

The many fortifications are not the only reminders of Jersey's long history. La Hougue Bie, situated in a copse close to Gorey, is the finest prehistoric tomb in Western Europe. Under the 180-foot-high mound is the perfectly preserved Neolithic tomb built of huge stone uprights covered by massive capstones. The mystery of this earthwork remained unsolved until 1934 when the Société Jersiaise excavated the mound and made the dolmen accessible to the public. At Anne Port there is another, the Dolmen de Faldouet, which was excavated in 1839. These, and many other places, have justifiably earned the east coast the reputation of being 'the historic coast'.

St Catherine's Bay (*à gauche, dessus*) décrit une grande courbe sur la partie nord de la côte de l'est. Elle fait partie de la paroisse de St Martin, et son nom provient de la chapelle médiévale de la Sainte Cathérine qui se trouvait autrefois sur le site où s'élève la Tour Archirondel. Cette tour martello, bâtie en 1793, sert de point de repère et par conséquent est peinte de vives couleurs. En 1847, à la suite de la peur causée par l'accroissement du port naval français de Cherbourg, on décida de construire une station navale dans St Catherine's Bay. D'abord on joignit le Rocher Archirondel à la terre et puis on construisit le Môle Verclut. Ce projet fut cependant abandonné en 1852. Au sud de St Catherine's Bay repose la charmante petite baie d'Anne Port (*à gauche, au centre*) qui offre une plage sûre. Le nom d'Anne Port provient du fief d'Anneville qui appartenait jadis aux seigneurs d'Anneville-en-Saire près de Cherbourg.

Dans Anne Port Bay il y a un grand repère très visible, dit « Saut de Geoffroi » (Geoffrey's Leap) (*à gauche, dessous*). Parmi les contes prétendant expliquer l'origine du nom, l'un d'entre eux nous dit que des prisonniers condamnés à mort furent lancés de ce rocher sur la plage rocheuse dessous. Un certain Geoffroi survécut à cette chute, ce qui prouva son innocence, mais par bravade il essaya de refaire le saut et fut tué. A courte distance vers le sud se trouve la petite plage de Petit Portelet (*ci-dessous à gauche*), un endroit très ensoleillé qui est la plage de Jersey la plus proche à la France. Par temps clair la France, à vingt-quatre kilomètres, est en pleine vue. Au sud de Petit Portelet, au milieu de cette côte, la plus fortifiée des côtes de Jersey, s'élève le Château de Mont Orgueil (*ci-dessous à droite*). Il est magnifiquement situé

St Catherine's Bay (*top left*) makes a grand sweep on the northern part of the east coast. It is in St Martin's Parish, and its name was derived from the medieval chapel of St Catherine, which used to stand on the site now occupied by the Archirondel Tower. This martello tower, built in 1793, now serves as a landmark and is consequently brightly painted. In 1847, as a result of the alarm felt at the growth of the heavily fortified French naval port of Cherbourg, it was decided to make a naval station in St Catherine's Bay. First the Archirondel Rock was joined to the shore, and then the Verclut Breakwater was built. This project was, however, abandoned in 1852. South of St Catherine's Bay is the delightful little bay of Anne Port (*centre left*), which offers a pleasant beach and good bathing. Anne Port derived its name from the fief of Anneville behind it, which once belonged to the seigneurs of Anneville-en-Saire near Cherbourg.

In Anne Port Bay there is a large, conspicuous rock called Geoffrey's Leap (*bottom left-hand corner*). There are many tales told to explain how it got its name. One claims that prisoners condemned to death were cast down from this rock to the rocky beach beneath. One Geoffrey survived this fall, thus proving his innocence, but for bravado he attempted to repeat the leap and was killed. Just south is the little beach of Petit Portelet (*below left*), the nearest Jersey strand to France and a tiny suntrap. On a clear day France, about fifteen miles away, is in full view. South of Petit Portelet, half-way along this most fortified of Jersey's coasts, stands Mont Orgueil Castle (*below right*). It is magnificently situated above the village of Gorey on the nearest headland to France. Until King John lost Normandy in 1204 Jersey, situated in the midst

au-dessus du village de Gorey sur le promontoire le plus proche de la France. Jusqu'à l'an 1204, quand le roi Jean perdit la Normandie, Jersey, situé au milieu de ses domaines, n'avait pas besoin d'une forteresse, mais avec cette perte l'île devint un poste avancé, en vue de l'ennemi. On commença alors à construire Gorey Castle, comme on l'appela pendant beaucoup d'années, et pendant 400 ans de nouveaux systèmes de défense furent continuelle-ment ajoutés pour rendre la forteresse imprenable, et au cours des siècles Gorey Castle résista à

---

of his dominions, needed no castle, but at this loss it became an outpost within sight of the enemy. Gorey Castle, as it was to be known for many years, was consequently begun, and for 400 years new systems of defence were constantly added to make this fortress impregnable.

Throughout the years Gorey Castle resisted several sieges and attacks, but during the Wars of the Roses it was surrendered to the French, who ruled Jersey for seven years. About this time Gorey Castle became known as Mont Orgueil (Mount

plusieurs sièges. Pendant les Guerres des Deux-Roses il fut livré aux Français qui gouvernèrent Jersey pendant sept ans. Vers cette époque Gorey Castle se fit connu sous le nom de Mont Orgeuil Castle. Sous le règne d'Elisabeth Ire on décida que toutes les ressources devraient être concentrées en vue de construire Elizabeth Castle à St Hélier. Au cours du XVIIIe et XIXe siècles le château fut negligé, mais au commencement du XXe siècle une grande partie fut restaurée. A partir de 1940 les Allemands le reconvertirent en forteresse formidable, mais en 1946 il fut rendu aux Etats. Gorey (*à gauche*), situé au-dessous du château, devint un lieu important à cause du château et de son port (*à gauche, au coin dessous*), et au cours du XVIIe siècle le village commença à prospérer. C'est aujourd'hui une plage pittoresque et la nuit le château est illuminé (*dessous*).

Pride). In the reign of Elizabeth I the castle seemed to have ceased to be useful, and it was decided that all resources should be concentrated on building Elizabeth Castle at St Helier. Mont Orgueil was saved from destruction by the intervention of Sir Walter Raleigh. During the eighteenth and nineteenth centuries the castle was neglected, but in the early twentieth century was much restored. From 1940 onwards the Germans converted it once more to a formidable fortress, and in 1946 it was handed back to the states, and now attracts many visitors every year. Gorey (*left*), situated beneath the castle, became a place of some consequence on account of the castle and also its harbour (*bottom left-hand corner*), and in the seventeenth century the village began to grow. Today it is a colourful little resort and at night, when the castle is illuminated (*below*), it is particularly attractive.

A l'ouest de St Clement's Bay se trouve St Hélier, la capitale historique de Jersey. La ville est bâtie au pied d'une petite colline appelée Le Mont de la Ville, fortifiée depuis des siècles. Le fort actuel, Fort Regent, fut construit comme la citadelle principale de l'île pendant les Guerres Napoléoniennes. Tout dernièrement, le fort a été converti en un centre de récréation et de congrès général; un téléphérique (*à droite, au centre*) réunit le centre à la ville. La particularité principale du centre est la plus grande rotonde d'Europe qui renferme une salle de concert ou de congrès. Il y a aussi une piscine de longueur nationale et autres agréments sportifs et divertissants. Le fort domine le Vieux Port (*à droite, en haut*).

St Hélier a beaucoup d'excellents magasins et de beaux parcs et jardins, par exemple le Howard Davis Park (*à gauche, dessous*). St Hélier a aussi une belle plage exposée au sud, et à l'est du port se trouve le faubourg maritime d'Havre des Pas (*à gauche, dessus*) avec ses charmants jardins, sa plage d'or et sa belle piscine couverte. Le soir St Hélier (*à gauche, au centre*) est de même, très attrayant et regroupe toutes les boîtes de nuit de l'île. Peut-être la particularité la plus importante de St Hélier est son port où l'importation et l'exportation sont toujours très actives. Le remarquable château d'Elizabeth Castle (*à droite, dessous*) sur la partie extérieure du port fut bâti environ 1590 pour remplacer Mont Orgueil Castle à Gorey.

West of St Clement's Bay and the fine beach of Grève d'Azette is the historical capital and centre of the island government, St Helier. The town is built at the foot of a little hill called Le Mont de la Ville, which has been fortified for centuries. The present fort, Fort Regent, was constructed as the major island citadel during the Napoleonic Wars. The Fort has recently been converted into a multi-purpose recreational and conference centre, and cable cars (*centre right*) carry people to and from town level. The main feature is the largest Rotunda in Europe, and it houses a Conference/Concert Hall. There is also a national-size swimming pool and many other sports and entertainment amenities. The Fort overlooks the bustling and colourful Old Harbour (*top right*). Amidst the narrow streets of St Helier are many fine shops and beautiful parks and gardens, including the Howard Davis Park (*bottom left*). St Helier also has a fine beach which faces south, and on the eastern side of the harbour there is the seaside suburb of Havre des Pas (*top left*) with its lovely gardens, golden sands and fine enclosed swimming pool. When the day is over St Helier is still a very attractive place (*centre left*) and is the centre of the island's night life. St Helier's most important feature is perhaps its harbour, its lifeline, busy with importing and exporting. The remarkable Elizabeth Castle (*bottom right*) on the outer part of the harbour was built in c. 1590 to replace Mont Orgueil Castle, Gorey.

La petite ville de St Aubin se trouve au coin ouest de la baie du même nom. Pendant bien des siècles avant que Jersey n'ait un port cette partie de la baie assura le mouillage le plus sûr. Le port de St Aubin (*à gauche*) fut commencé en 1675 et une communauté commerciale s'établit à côté du port qui ne commença à décliner qu'après l'achèvement du port de St Hélier en 1803. Maintenant St Aubin est une belle station balnéaire pour des vacances tranquilles et son port pittoresque est rempli de bâteaux de plaisance. Depuis Noirmont, le promontoire à l'ouest de St Aubin's Bay, on jouit vers l'ouest d'une belle vue de Portelet Bay (*à droite, dessus*), entourée des trois côtés de collines vertes. Au milieu de la baie se trouve l'Ile au Guerdain (*à droite, au centre*) où s'élève la tour martello napoléonienne qu'on appelle souvent par erreur la Tombe de Janvrin. Le nom rapelle le Capitaine Philippe Janvrin qui mourut de la peste à bord de son navire et qui fut enterré sur l'île quatre-vingt-dix ans avant la construction de la tour. Plus loin sur la côte est Ouaisné Bay (*à droite, dessous*), un charmant coin de St Brelade's Bay, où l'un peut profiter d'une belle plage et d'un bon surfing quand une forte brise vient du sud. Il y a une caverne à La Cotte Point qui était jadis un campement pour des chasseurs de la préhistoire, lorsque Jersey fit toujours partie du continent. Des vestiges de l'homme de Néanderthal, qui vécut ici environ 65000 av. J.-C. ont été retrouvés.

The little town of St Aubin lies in the western corner of the bay of the same name. For centuries this part of the bay provided the safest anchorage before Jersey had a harbour. St Aubin's harbour (*left*) was begun in 1675 and a busy mercantile community sprang up beside the harbour which did not begin to decline until St Helier's harbour was completed in 1803. Today St Aubin is a delightful place for a quiet holiday, and its harbour is colourful with pleasure craft. From Noirmont, the promontory that forms the western wing of St Aubin's Bay, there is a good view westwards of Portelet Bay (*top right*). This is a small but picturesque bay, surrounded on three sides by verdant hills. There is a good beach. In the centre of the bay is the Ile au Guerdain (*centre right*) on which stands the Napoleonic martello tower, often mistakenly called Janvrin's Tomb. This was named after a Captain Philippe Janvrin who died of plague on board his ship, and was buried on this isle ninety years before the tower was built. Along the coast is the pleasant Ouaisné Bay (*bottom right*), which is a charming corner of St Brelade's Bay, with good sands and fine surfing when there is a strong southerly wind. There is a cave at La Cotte Point which was for many thousands of years a camping site for prehistoric hunters when Jersey was part of the mainland. Fragmentary remains have been found here of the Neanderthal race who lived in this area about 65000 B.C.

La Côte de l'Ouest

La côte de l'ouest de Jersey est constituée presque entièrement par la vaste courbe de St Ouen's Bay qui s'étend sur une distance de huit kilomètres. Sur un rocher déchiqueté écarté à l'extrémité sud, La Corbière, s'élève un phare impressionnant. St Ouen's Bay a son propre caractère, car elle est exposée à toute la violence des tempêtes d'hiver. Pas très loin vers l'intérieur le terrain devint plus haut, et entre ces collines et la mer s'étend un espace de sable couvert d'herbe. La végétation est clairsemée mais elle revêt beaucoup d'intérêt pour le naturaliste, aussi que les animaux sauvages qui habitent cette région peu peuplée. Cette côte est certainement la plus dénudée des côtes de Jersey et à peine a-t-elle changé pendant des centaines d'années. Au coin sud-ouest sauvage et déchiqueté dans l'anse de la Rosière, il y a des cavernes, connues sous les sobriquets romantiques de « Pirates' Cave », et de « Smugglers' Cave » (caverne des contrebandiers). Il y a de gros blocs de pierre roulée et des mares rocheuses à explorer, des promenades ravissantes sur les falaises et une digue qui mène au phare de la Corbière (*à gauche*).

A l'extrémité sud de la merveilleuse plage de St Ouen's Bay est La Pulente, et de la cale ont lieu de temps en temps des courses de voitures. Très près à l'intérieur se trouve le terrain de la Moye Golf Club et les dunes de Quennevais. Sur ces dunes sont trois dolmens et un tumulus ainsi que des fleurs sauvages intéressantes, telles que l'œillet ou le statice de Jersey. Au nord des dunes se trouve l'aéroport affairé de Jersey, et les passagers approchent souvent l'île à travers le centre de St Ouen's Bay. Le moment où l'avion descend au-dessus de la vaste étendue de sable est inoubliable. Plus au nord et près de la côte est l'Etang de St Ouen, la plus grande étendue d'eau douce des îles et remarquable pour ses grandes carpes.

Le manoir de St Ouen, le plus important de Jersey, se trouve à quelque distance vers l'intérieur. Depuis au moins 800 années il est la demeure des Carterets, seigneurs de St Ouen, qui ont toujours joué un rôle important dans l'histoire de l'île. Le parc magnifique du manoir est maintenant ouvert au public. L'Eglise de St Ouen est toute proche du manoir. C'est une des plus belles des anciennes églises paroissiales et son histoire remonte à l'époque d'avant 1066. Quoiqu'il y ait un manoir et une église, il n'y a pas cependant de village de St Ouen, car les maisons et les fermes sont éparpillées sur une vaste étendue, et il n'y a pas de vrai centre. Au nord-ouest de la paroisse se trouve un pâtis qui touche aux hautes falaises. Au sommet il y a des travaux de terrassements et les restes de Grosnez Castle.

The West Coast

The west coast of Jersey consists almost entirely of the vast five-mile sweep of St Ouen's Bay with the spectacular lighthouse on an outlying jagged rock at its southernmost point, La Corbière. St Ouen's Bay has a distinct character of its own, being exposed to the full force of winter gales. The hills rise a small distance inland and an expanse of grass-covered sand lies between them and the sea. Vegetation is sparse but of great interest to the naturalist, as is the wild life which inhabits this otherwise little-populated area. This coast is certainly the barest and least populated of Jersey's coasts, and has hardly altered in hundreds of years. On the wild and rugged south-western corner, in the small cove of La Rosière, are some interesting caves romantically known as the 'Pirates' and 'Smugglers' Caves. There are also boulders and rock pools to explore, marvellous cliff walks and a causeway to La Corbière Lighthouse (*left*).

At the southern end of the marvellous sands of St Ouen's Bay is La Pulente, from whose slipway motor races are sometimes held. Just inland are the Golf Links of La Moye Golf Club, and the Quennevais dunes. On these dunes are three dolmens and a tumulus, and also interesting wild flowers, including the Jersey pink or thrift. North of the dunes is Jersey's busy airport, and travellers by air often approach the island across the centre of St Ouen's Bay. This is an unforgettable experience as the plane glides in over the vast expanse of sand. Further north and close to the coast is St Ouen's Pond, which is the largest stretch of fresh water in the islands and noted for its large carp. It was formerly the sporting preserve of the Lord of St Ouen's Manor. He still owns it, but has granted its use to the Société Jersiaise which now maintains and protects it.

The Manor of St Ouen is some distance inland, and is the Senior Manor of Jersey. This has been the home for at least 800 years of the de Carterets, Seigneurs of St Ouen, who have always played an important role in the island's history. The splendid Manor Grounds are now open to the public. St Ouen's Church, close to the Manor, is one of the most beautiful of the old parish churches, and has a history which goes back further than 1066. Although there is a manor house and a church there is, however, no actual village of St Ouen, for the houses and farms are scattered over a large area, and there is no real centre. To the north-west of the parish there is a vast common which verges on high cliffs. On the highest point there are earthworks and the remains of Grosnez Castle, which serve to emphasise the wild nature of this part of Jersey.

La côte du coin sud-ouest de Jersey est déchiquetée et sauvage et extrêmement dangereuse pour les bâteaux, mais ce n'est qu'en 1874 que le Phare de La Corbière (*dessus et dessous*), 400 m. éloigné de la côte fut allumé pour la première fois sur les rochers où il y avait en beaucoup de naufrages. On croit que le nom Corbière provient du mot corbeau qui était considéré comme oiseau de mauvaise augure, et cet endroit a malheureusement été la tombe de beaucoup de vaisseaux. Le phare était le premier en béton dans les Iles Britanniques et par un temps clair son feu est visible à vingt-huit kilomètres. Le phare est relié à la côte par une digue qui est inondée à haute marée. Le long de cette partie

The coast of Jersey's south-western corner is rugged and wild and extremely dangerous for shipping, and yet it was not until 1874 that La Corbière Lighthouse (*above and below*), a quarter of a mile offshore from La Corbière Point, was first lit on the rocky scene of many wrecks. It is believed that the name Corbière comes from the word *corbeau* or 'crow', which was considered a bird of ill-omen, and this spot has certainly proved the unfortunate end of many a ship. The lighthouse is the first concrete lighthouse in the British Isles and its light is visible for eighteen miles in clear weather. The lighthouse is connected to the shore by a causeway that is covered at high tide. The rush of the tide

de la côte le flux est très dangereux, comme en témoigne une plaque au bout de la digue, dédiée à « Peter Edwin Labalestier, sous-gardien du phare, qui perdit la vie en essayant de sauver un visiteur coupé par la marée montante. Prenez garde, tous ceux qui passent. » En dépit de sa nature dangereuse, c'est un bel endroit soit au jour soit au coucher du soleil.

A St Ouen's Bay (*à droite, dessus*) se trouve la plus grande étendue de sable des Iles de la Manche, et quand les lames de houle sont hautes c'est un lieu idéal pour le surfing (*à droite, dessous*), pour lequel il est à juste titre célèbre. Aux deux extrémités de la baie la marée peut être forte, alors il est prudent de se baigner au milieu de la baie. La route côtoie la plage et on y trouve accès par la digue. De la route on voit des tours martello, dont la plupart sont hors service. La Rocco Tower (*à droite, au centre*), bâtie sur une île rocheuse entre 1796 et 1800, est la plus au sud. Entre autres il y a La Tour Carrée de 1778 et la Kempt Tower de 1834. L'Etaquerel, au bout de la baie, fut bâtie en 1883 et complètement modernisée par les Allemands 110 ans plus tard. A cette extrémité nord de la baie la scène change soudainement. La plage superbe fait place au plateau de bruyère de Grosnez, où il y a des falaises perpendiculaires et de petits ravins profonds où s'écrasent les vagues. Le Pinnacle Rock, haut de 65 m., s'élève à pic au-dessus de l'eau et est rattaché à la côte par une langue de terre.

around this part of the coast is very dangerous as a plaque at the entrance to the causeway bears out, being dedicated to 'Peter Edwin Labalestier, assistant keeper at the lighthouse, who on the 28th May 1946 gave his life in attempting to rescue a visitor cut off by the incoming tide. Take heed, all ye that pass by.' Despite its dangerous nature, it is a beautiful place whether in broad daylight or at sunset.

At St Ouen's Bay (*upper right*) is to be found the greatest stretch of golden sands in the Channel Islands, and when the Atlantic rollers are running it is perfect for surf-riding, for which it is justly famous (*lower right*). At both ends of the bay the tides can be strong, so bathing is safest in the middle. The road runs close to the beach and there are access points to it through the sea wall. In sight of the road are martello towers, mostly out of use. La Rocco Tower (*centre right*), built on a rocky island between 1796 and 1800, is the most southerly of these. Others include La Tour Carrée of 1778, and Kempt Tower of 1834. L'Etaquerel, at the far end of the bay, was built in 1833 and completely modernised by the Germans 110 years later. At this northern end of the bay the scene changes abruptly. The glorious beach gives way to the vast moorland plateau of Grosnez, where there are perpendicular cliffs and deep gulleys in which the boisterous sea crashes and the 200-foot high Pinnacle Rock rises sheer from the water.

PHOTO: D. E. WILSON

Pendant la journée il y a beaucoup d'excursions intéressantes à faire. A St Ouen se trouve L'Etacq Woodcrafts (*à gauche, au centre*), un établissement de sculpture en bois fondé par Mr le Gresley pour préserver une tradition familiale. Le visiteur peut observer les ouvriers façonner de beaux objets et peut en acheter. Au village de Gorey est situé le centre principal des poteries de Jersey (*à gauche, dessous*). La ferme des fleurs, ses jardins et son restaurant, et la ferme aux papillons à Haute Tombette, près de St Mary (*dessous*) et le jardin Shell (*au verso: à gauche*) sont autres endroits à visiter.

A plusieurs endroits on peut discerner les marques de l'occupation allemande, particulièrement au St Peter Bunker War Museum (*au verso: à droite, au centre à droite*), construit en 1942, et à l'hôpital militaire souterrain allemand à St Laurent (*au verso: à droite, en haut*).

Les amis d'animaux trouveront le Jersey Zoological Park à Trinity fort intéressant. En 1959 Gerald Durrell, le collectionneur d'animaux et écrivain célèbre, établit ce parc zoologique dans le beau jardin d'Augres Manor. En 1963 le Jersey Wild Life Preservation Trust fut fondé dans le but d'élever des animaux rares qui sont en voie de disparition à l'état sauvage. Quelques-uns de ces animaux ne se trouvent dans aucun autre jardin zoologique du monde. Au verso on peut voir les servals (*à droite, dessous*).

For daytime entertainment there are many interesting places to visit. At St Ouen is L'Etacq Woodcrafts (*centre left*), a woodcarving business which was begun by Mr Le Gresley to perpetuate a family tradition. Visitors may watch craftsmen creating a variety of beautiful objects, as well as purchase them. At Gorey village is the main centre of the Jersey potteries (*bottom left*), where visitors can watch articles of every description being produced. The Flower Farm, gardens and restaurant, and the Butterfly Farm at Haute Tombette, near St Mary's (*below*) and the Shell Garden, St Brelade's (*overleaf: bottom left*) are more delightful places to visit. Evidence of the German occupation of Jersey can be seen in many places, such as at the St Peter Bunker War Museum (*overleaf: right, centre right*), built in 1942, which contains an exhibition of Nazi equipment and occupation relics, and the German Military Underground Hospital, St Lawrence (*overleaf: top right*).

Animal lovers will find the Jersey Zoological Park at Trinity very interesting. In 1959 Gerald Durrell, the well-known animal collector and writer, formed this zoo in the lovely grounds of Les Augres Manor and in 1963 the Jersey Wild Life Preservation Trust was founded for the purpose of breeding rare animals threatened with extinction in their wild state. Some of these animals are not represented in any other zoo in the world. Overleaf can be seen serval cats (*bottom right*).

Le spectacle le plus pittoresque de l'année en Jersey est la Bataille des Fleurs qui a lieu au mois de juillet quand les habitants de Jersey rendent hommage à la fécondité de l'île. La fête des fleurs, qui est un spectacle inoubliable pour le visiteur, fut inaugurée en 1902 pour célébrer le couronnement du roi Edouard VII et la reine Alexandra. Tous les ans des milliers de fleurs sont cultivées spécialement pour décorer les chars de cavalcade qui défilent dans les rues de la capitale (*à droite, au centre à gauche*), précédées magnifiquement par Miss Bataille de Fleurs et ses demoiselles d'honneur. L'île de Jersey est très accessible. Différents services de transports aériens relient la Royaume Unie et la France avec l'aéroport de Jersey (*au verso: en haut*) dans l'ouest de l'île, tandis que les avions Trislander (*au verso: deuxième illustration*) relient Jersey avec Guernsey, Alderney et la France. Les paquebôts des Chemins de Fer Britanniques (*au verso: troisième illustration*) font la traversée en mer de Weymouth, d'où des trains-paquebôt vont à Londres. D'autres liaisons maritimes entre Jersey et la France sont assurées par des sociétés privées. L'hydrofoil, *Condor 5* (*au verso: dessous*) fait le trajet entre Jersey, Guernsey et la côte française.

The most colourful spectacle of Jersey's year is the Battle of Flowers which takes place every July, when the people of Jersey pay tribute to the fertility of their island. This flower festival, which is an unforgettable spectacle for the fortunate visitor, was first introduced in 1902 as a part of the festivities to celebrate the Coronation of King Edward VII and Queen Alexandra. Every year thousands of flowers are grown especially to decorate the cavalcade of floats which parades the capital (*centre right, left*), preceded in splendour by Miss Battle of Flowers and her maids of honour.

Jersey is an extremely accessible island. Various airlines connect the United Kingdom and France with Jersey airport (*top picture overleaf*) at the western side of the island, while the 'Trislander' aircraft (*second picture overleaf*) connects Guernsey, Jersey, Alderney and France. British Rail ferries from Weymouth to St Helier provide day and night crossings (*third picture overleaf*), and boat trains connect Weymouth and London. Other sea links connecting Jersey to France are operated by private shipping companies. One uses the 140-seat hydrofoil *Condor 5* (*bottom picture overleaf*) which provides a fast trip between Jersey, Guernsey and the French coast.